Opus 85

F. Kullrich / SSP AG
Fritz-Henßler-Berufskolleg
Dortmund

Text
Alexandra Apfelbaum

Photographien / Photographs
Jörg Hempel

Edition Axel Menges

Herausgeber / Editor: Axel Menges

ISBN 978-3-932565-85-4

Druck und Bindearbeiten / Printing and binding: Graspo CZ, a. s., Zlín, Tschechische Republik / Czech Republic

Übersetzung ins Englische / Translation into English: Alison Kirkland

Gestaltung / Design: Axel Menges

Inhalt

Contents

Das Fritz-Henßler-Berufskolleg in Dortmund. Eine Erfolgsgeschichte des Weiterbauens
Alexandra Apfelbaum

Das Fritz-Henßler-Berufskolleg (FHBK) zählt bis heute zu den größten Bildungsbauten der Stadt Dortmund und blickt auf eine über hundertjährige und wechselhafte Baugeschichte zurück. Der Altbau des heutigen Gebäudeensembles ist Teil einer Stadtplanung, die Dortmund zu Beginn des 20. Jahrhunderts auch architektonisch als moderne Großstadt ausweisen sollte. Das Gebiet im Randbereich des Hauptbahnhofs war zu dieser Zeit noch ein städtebauliches Entwicklungsgebiet. Somit umfaßte die großstädtische Planung vor allem Bauten entlang des Walls, der die mittelalterliche Stadt umschloß, sowie Bauten im Bereich nördlich der Stadt und südlich der in der Industrialisierung angelegten Gleisstrecken. In diesem Stadtgebiet gruppierten sich einige Schulen, die als Orte der Bildung nicht nur das Stadtbild, sondern auch die Stadtgesellschaft prägen sollten. Als Teil des sogenannten Brügmannblocks, einem Schulkomplex aus fünf Berufsschulen in unmittelbarer Näher der Innenstadt stellte der Ursprungsbau des FHBK, die Handwerker- und Kunstgewerbeschule, den ersten Baustein einer ambitionierten, großstädtischen Planung auf dem Sektor der Bildungsbauten dar.

Architekt der Großstadt

Maßgeblichen Einfluß auf die großstädtische Entwicklung der Stadt zu Beginn des 20. Jahrhunderts nahm der aus Berlin stammende und in Dortmund wirkende Architekt Friedrich Kullrich (1859–1934) in seiner Funktion als Stadtbaurat. Als Verantwortlicher im Magistrat koordinierte er in den Jahren 1899 bis 1925 den repräsentativen Ausbau der Innenstadt, im Zuge dessen der Wallring mit öffentlichen Bauten wie Theater, Synagoge und Hauptbahnhof zu einer großstädtischen Promenade umgestaltet werden sollte. Kullrich gelangte nach seinem Studium an der Technischen Hochschule Charlottenburg für die Bauleitung des Landgerichts in Bochum im Jahr 1889 ins Ruhrgebiet. Ab 1892 wirkte er dann als Stadtbauinspektor unter Stadtbaurat Carl Marx in Dortmund, woraufhin er 1899 für die Dauer von zwölf Jahren zum besoldeten Magistratsmitglied gewählt wurde und schließlich selbst die Stelle des Stadtbaurats einnahm. Bis zu seinem Ausscheiden 1923 aufgrund einer gescheiterten Wiederwahl zeichnete Kullrich in dieser Position für zahlreiche öffentliche Bauten verantwortlich, darunter auch einige Projekte, die das Weiterbauen im Bestand thematisierten.

Im Jahr seines Amtsantritts schuf Kullrich mit dem neuen Hafenamt (1899), das als städtisches Repräsentationsgebäude anläßlich der Einweihung des Kanals durch Kaiser Wilhelm II. errichtet wurde, und dem neuen Stadthaus an der Betenstraße (1889/1899) gleich zwei frühe Wahrzeichen der Stadt. Beide Bauten sowie auch das FHBK standen für einen neuen architektonischen Ausdruck, der die vormoderne Stadt in das Industriezeitalter überführen sollte. Den Stadtbauinspektor zeichnete ein besonderes Interesse an der Denkmalpflege aus, wie die ebenfalls 1899 abgeschlossene Wiederherstellung des Alten Rathauses bezeugt. Ohne Kullrichs Engagement wäre der Bau gewiß abgerissen worden, denn der Rat hatte den Abbruch bereits 1869 beschlossen.

Ein weiteres Projekt des »Weiterbauens« im Bestand, war der von Kullrich initiierte und gestaltete Umbau des ehemaligen Königlichen Oberbergamtes zum Kunst-

1. Die Nordwestseite des Gebäudes um 1909.
2. Die Eingangshalle um 1909.
3. Der Eingangsbereich und das ehemalige Direktorenwohnhaus auf der Nordwestseite um 1910.

1. The northwest side of the building around 1909.
2. The entrance hall around 1909.
3. The entrance area and the former director's residence on the northwest side around 1910.

The Fritz-Henßler-Berufskolleg in Dortmund. A success story of carrying on building
Alexandra Apfelbaum

The Fritz-Henßler-Berufskolleg (FHBK) is still among the largest educational buildings in the city of Dortmund. It looks back on over a hundred years of a richly varied history. The old building in today's ensemble of buildings is part of an urban plan which, at the beginning of the 20th century, was also intended to mark out Dortmund architecturally as a modern metropolis. The area on the edge of the main station was still an urban-development area at that time. As a result, the urban planning mainly included buildings along the rampart that surrounded the medieval city, as well as buildings in the area north of the city and south of the railway tracks built during the industrialisation phase. A number of schools were grouped together in this area of the city. As places of education, they were to shape not only the cityscape but also the city's society. As part of the so-called Brügmannblock, this school complex consisting of five vocational schools in the immediate vicinity of the city centre (the original building of the FHBK, the Handicraft and Arts and Crafts School) represented the first building block of an ambitious, metropolitan plan for the educational buildings sector.

Architect of the city

The architect Friedrich Kullrich (1859–1934), who was born in Berlin and worked in Dortmund, exerted a decisive influence on the city's urban development at the beginning of the 20th century, thanks to his function as city building councillor. As the person responsible within the city council, he coordinated the representative development of the city centre between 1899 and 1925, in the course of which the rampart ring was to be redesigned into a metropolitan promenade with public buildings such as the theatre, the synagogue and the central station. Kullrich came to the Ruhr area in 1889 following his studies at the Technical University of Charlottenburg, to manage the construction of the regional court in Bochum. From 1892 onwards, he worked as a city building inspector under the supervision of the city building councillor Carl Marx in Dortmund, whereupon he was elected as a paid member of the municipal council for a period of twelve years (in 1899) and finally took up the position of the city building councillor himself. Until his retirement in 1923 due to a failed re-election, Kullrich was responsible for numerous public buildings in this position, including several projects that addressed the issue of carrying on construction work within the existing building stock.

In the year he took office, Kullrich created two early landmarks of the city: the new harbour office (1899), which was erected as a municipal representation building on the occasion of the inauguration of the canal by Kaiser Wilhelm II, and the new town hall on Betenstraße (1889/1899). Both buildings, as well as the FHBK, embodied a new architectural expression, one which was to bring the pre-modern city into the industrial age. The city building inspector was distinguished by a special interest in the preservation of historic monuments, such as the project to restore the city's historic town hall, which was also completed in 1899. Without Kullrich's commitment, the building would certainly have been demolished, seeing as

und Gewerbemuseum (1911). Hierbei tastete er die Fassade des Verwaltungsbaus nicht an, sondern baute den vorhandenen offenen Innenhof zu einem repräsentativen Lichthof aus. Dazu versah er den Gebäudekern mit einem Glasdach, dessen Stahlkonstruktion noch heute erhalten ist und schuf damit einen der schönsten innerstädtischen Räume Dortmunds. Durch diesen sensiblen und doch effektiven Eingriff konnte er nach eigenen Worten »das alte Oberbergamt als denkmalwertes Gebäude pietätvoll im Stadtbild erhalten«. Dieses Haus stellt damit ein frühes Beispiel für eine Umnutzung von einer montanindustriellen Verwaltung zur kulturellen Einrichtung im Sinne des Strukturwandels dar.

Darüber hinaus entwarf er die Königliche Werkmeisterschule für Maschinenbau an der Sonnenstraße (1894), heute Verwaltungssitz der Fachhochschule, und das Dudenstift (1906), heute Teil der Städtischen Kliniken. Aber das Herzstück der repräsentativen Großstadtplanungen Kullrichs bildet das Empfangsgebäude des Dortmunder Hauptbahnhofs aus dem Jahre 1910. Der säulenbestandene, halbrunde Mittelbau betonte das zentrale monumentale Bauwerk, dessen seitliche Flügel mit einer schlichten Kolossalgliederung zu den privaten Stadtbauten vermitteln sollten. Außerdem wurde in unmittelbarer Nähe am Wall das Hauptpostamt (1911–1913) errichtet, das mit seinen einfachen klassischen Formen und haushohen Wandvorlagen ebenfalls eine monumentale Gesamtwirkung erzeugte und eine einheitliche Straßenwand ausbildete. Weiter östlich schließt sich an den Wall der Schulkomplex in der Brügmannstraße an, für den bereits 1908 als erster Baustein die von Kullrich entworfene, monumentale Handwerker- und Kunstgewerbeschule errichtet wurde, das heutige FHBK.

Eine komplexe Baugeschichte

Im Sinne der großstädtischen Planungen dieser Stadtentwicklungsphase formt der Bau des Berufskollegs mit seiner Positionierung als Straßenwand den öffentlichen Stadtraum. Die Schule blickt auf eine lange und komplexe Baugeschichte mit zahlreichen Umbauten und Erweiterungen zurück. Neben der letzten Veränderung durch das Architekturbüro SSP AG wurde diese im wesentlichen von drei Bauphasen bestimmt. Die erste Phase begann mit ihrer Errichtung zu Anfang des 20. Jahrhunderts. Stadtbaurat Friedrich Kullrich hatte im Auftrag des Hochbauamts der Stadt einen Satz Zeichnungen für den Neubau einer Handwerkerschule angefertigt, die 1908 mit dem Bauantrag bei der Baupolizeiverwaltung eingereicht wurden. Noch im selben Jahr konnte mit dem Bau begonnen werden, und nach nur 15 Monaten Bauzeit war der repräsentative Schulneubau mit Direktorenwohnhaus fertiggestellt.

Bis heute präsentiert sich das historische Gebäude als monumentaler Putzbau mit ausgebautem Mansardgeschoß, dessen sparsame geometrische Ornamentik die bewußte Abkehr vom Historismus belegt. Der fünfgeschossige Baukörper mit einem Erdgeschoß als Hochparterre und ausgebautem Dachgeschoß war ursprünglich einbündig angelegt. Das Souterrain wird durch eine Fensterfront oberhalb des Geländeniveaus belichtet. Gänzlich im Sinne von Kullrichs neuen großstädtischen Bauten weist das FHBK als markantes architektonisches Zeichen einen von Pfeilern getragenen, repräsentativen Eingangsbereich mit fast haushohen Kolossalgliederungen und einer breiten Freitreppe auf.

Die Skulpturen an diesem zur Brügmannstraße ausgerichteten Haupteingang stammen vom Dortmunder Bildhauer Friedrich Bagdons (1878–1937), der auch selbst an der Schule lehrte. In den Bögen des Eingangsportals finden sich zehn Büsten, die auf die unterschiedlichen Ausbildungszweige der Schule verweisen. Darunter auch eine Porträtbüste des Architekten Friedrich Kullrich, der in seinen Händen ein Modell des Hauptrisalits der Schule hält.

Für die Handwerker- und Kunstgewerbeschule setzte Kullrich erstmals die von Alfred Messel in Berlin entwickelte Idee der modernen Pfeilerfassade in sichtbarem Beton um und kam damit der »neuzeitlichen Forderung, material- und konstruktionsgerecht zu bauen«, nach. Die Gestaltung entsprach gänzlich dem Wunsch nach einem neuen Stil der Monumentalität und Einfachheit, welche die dekorative Vielfalt des Historismus überwinden sollte. Die Fassade der neuen Handwerker- und Kunstgewerbeschule schuf mit ihren kolossalen pfeilerartigen Wandvorlagen einen neuartigen, monumentalen Eindruck im Stadtbild. Errichtet wurde der Komplex als Mischkonstruktion aus massivem Mauerwerk, kombiniert mit einer Stahlbetonkonstruktion. Die Stahlbetondecken ruhen auf Stahlbetonunterzügen, und die mächtigen Stahlbetonbinder des Dachtragwerks sind noch heute in den oberen Räumen sichtbar.

Die zweite Bauphase begann bereits in den Jahren 1913 und 1914, in denen der Schulbau eine Erweiterung in Form eines hofseitigen Flügels für eine Fortbildungsschule erhielt. Dieser sich rechtwinklig nach Nordosten anschließende Bauteil wurde von den Dortmunder Architektenbrüdern Dietrich und Karl Schulze entworfen. 1913 hatte die Stadt Dortmund einen Wettbewerb für sechs weitere Schulen auf dem Gelände des heutigen Brügmannblocks ausgeschrieben. Zur Teilnahme aufgefordert waren alle selbstständigen, deutschen Architekten des Rheinlands und Westfalen. Aus den 35 eingereichten Entwürfen erhielt das Büro D & K Schulze den 1. Preis. Der Wettbewerb fand unter Leitung Kullrichs statt, dessen repräsentative Haltung das Büro Schulze fortführte, indem es Kullrichs Pfeilerfront um drei Achsen nach Süden erweiterte und an der Hofseite einen dreigeschossigen, rechtwinkligen Anbau errichtete. Dieser ebenfalls einbündig angelegte Bauteil hatte ursprünglich als eigenständige Schule einen separaten Haupteingang, der über eine nördlich gelegene Treppenanlage von der Brügmannstraße aus erschlossen wurde. Beide Schulen wurden in einem klar erkennbaren und strengen Raster ausgeführt. Die Klassengrößen lagen bei etwa 75 qm, und jeweils zwei Klassen war ein Vorbereitungsraum zugeordnet. Mit der Umbenennung in »Städtische Gewerbliche Berufsschulen Dortmund« im Jahr 1920 wurde aus der Handwerker- und Fortbildungsschule eine Berufsschule, was auf die Entwicklung in der erziehungswissenschaftlichen Forschung zurückzuführen war.

In der Folge eines Bombenangriffs am 12. März 1945 wurde das Gebäude stark beschädigt, und der große Gebäudeflügel im Hofbereich sowie das Direktorenwohnhaus gingen verloren. Hier beginnt die dritte Bauphase der Schule. Zunächst wurde der Unterricht in wenigen Klassenräumen unter schwierigen Bedingungen wieder aufgenommen. Erst in den 1950er Jahren wurden neben Instandsetzungsarbeiten und Wiederaufbaumaßnahmen an der Stelle des ehemaligen Direktorenwohnhauses eine Erweiterung mit vier Achsen nach Süden sowie einige, gestalterisch sehr einfach

4. Friedrich Bagdons, Porträtbüste des Architekten Friedrich Kullrich.
5. Das Gebäude im Jahr 1946 kurz nach der Zerstörung.
6. Das Gebäude im Jahr 1949 mit dem Rohbau der Erweiterung anstelle der Ruine des Direktorenwohnhauses.
7. Das Gebäude im Jahr 2014. (Photo: Jörg Hempel.)

4. Friedrich Bagdons, portrait bust of the architect Friedrich Kullrich.
5. The building in 1946 shortly after its demolition.
6. The building in 1949 with rough construction of the extension replacing the ruins of the director's residence.
7. The building in 2014. (Photo: Jörg Hempel.)

the city council had already decided to demolish it in 1869.

A further project for »carrying on building« in the existing building stock was the conversion of the former Royal Mining Authority Office into the Museum of Art and Trade (1911), initiated and designed by Kullrich. He left the façade of the administration building untouched, but developed the existing open inner courtyard into a grand atrium. To this end, he provided the core of the building with a glass roof, the steel construction of which is still preserved today, and thus created one of the most beautiful inner-city spaces in Dortmund. By means of this sensitive and yet effective intervention, he was able, in his own words, to »reverently preserve the old building of the royal mining authority as a building worthy of preservation in the cityscape«. This building thus represents an early example of a conversion from a mining industry office to a cultural institution in a spirit of structural change.

In addition, he designed the Royal Foreman School for Mechanical Engineering on Sonnenstraße (1894; today the administrative headquarters of the University of Applied Sciences) and the Dudenstift (1906), today part of the Municipal Clinics. However, the true heart of Kullrich's representative urban planning is the reception building of Dortmund's main railway station from 1910. The columned, semicircular central building emphasised the central monumental structure, whose side wings, with their simple colossal structure, were intended to convey a spirit of the private city buildings. In addition, the main post office (1911–1913) was built in the immediate vicinity of the rampart, which, with its simple classical forms and ceiling-high wall patterns, also created a monumental overall effect and formed a uniform street wall. Further to the east of the rampart is the school complex in Brügmannstraße. The first building block in this complex, the monumental Handicraft and Arts and Crafts School designed by Kullrich (today the FHBK) was built at an early stage, in 1908.

A complex building history

In line with the metropolitan planning of this urban-development phase, the construction of the vocational college, with its positioning as a street wall, forms the public urban space. The school looks back on a long and complex building history, with numerous conversions and extensions. Apart from the final modification by the architectural office SSP AG, this was mainly determined by three construction phases. The first phase began with its construction at the beginning of the 20th century. On behalf of the city building construction office, the city building councillor Friedrich Kullrich had prepared a set of drawings for the new building to house a handicraft school, which were submitted to the building police administration in 1908 with the building application. Construction began in the same year, and, after only 15 months of construction time, the impressive new school building, including a director's residence, was completed.

To this day, the historic building presents itself as a monumental plaster building with a fully developed mansard floor, one whose sparing geometric ornamentation testifies to a conscious departure from historicism. The five-storey structure with a ground floor as a mezzanine and a fully developed attic was originally created as single-loaded. The basement is lit through a window front above the ground level. Entirely in the spirit of Kullrich's new metropolitan buildings, the FHBK has a striking architectural symbol in the form of a representative entrance area supported by pillars, with colossal structures almost as high as a house and a wide open staircase. The sculptures at this main entrance facing Brügmannstraße were created by the Dortmund sculptor Friedrich Bagdons (1878–1937), who also taught at the school. In the arches of the entrance portal, there are ten busts that refer to the different educational branches of the school. Among them, there is also a portrait bust of the architect Friedrich Kullrich, who is holding a model of the main risalit of the school in his hands.

For the first time, Kullrich implemented the idea of a modern pillar façade in visible concrete, as developed by Alfred Messel in Berlin. By doing this at the Handicraft and Arts and Crafts School, he met the »modern demand for building in a way that is appropriate to the material and construction«. The design was completely in line with the desire for a new style of monumentality and simplicity, which was to overcome the decorative diversity of historicism. The façade of the new Handicraft and Arts and Crafts School with its colossal pillar-like wall patterns created a new, monumental impression in the cityscape. The complex was erected as a mixed construction of solid masonry combined with a reinforced-concrete structure. The reinforced-concrete ceilings rest on reinforced-concrete beams, and the mighty reinforced-concrete trusses of the roof structure are still visible in the upper rooms.

The second construction phase already began in the years 1913 and 1914, when the school building was extended by a courtyard wing for an advanced training school. This part of the building, which adjoins at a right angle to the northeast, was designed by the Dortmund architect brothers Dietrich and Karl Schulze. In 1913, the city of Dortmund announced a competition for six more schools on the site of today's Brügmann block. All independent German architects from the Rhineland and Westphalia were invited to participate. Out of the 35 entrants, the office of D & K Schulze received the first prize. The competition took place under the direction of Kullrich, whose representative stance was continued by the Schulze office, which extended Kullrich's pillar front by three axes to the south and built a three-storey, rectangular extension on the courtyard side. This building, which was also a single-loaded extension, originally had a separate main entrance as an independent school, which was accessed via a staircase to the north from Brügmannstraße. Both schools were built in a clearly recognizable and strict grid. The classrooms were about 75 sqm in size, and two classes each were assigned a preparation room. When the school was renamed »Municipal Commercial Vocational Schools Dortmund« in 1920, the handicraft and advanced-training school was transformed into a vocational school; this was due to the development in educational science research.

In the aftermath of a bomb attack on 12 March 1945, the building was severely damaged, and both the large wing in the courtyard area and the director's residence were lost. This was when the third construction phase of the school began. At first, the lessons were taken in a few classrooms under difficult conditions. It was not until the 1950s that, in addition to re-

gehaltene, Hofanbauten errichtet. Im Jahr 1954 waren die Arbeiten an dem Schulkomplex abgeschlossen, und der Altbau der Handwerker- und Kunstgewerbeschule hatte seine bis heute sichtbare bauliche Gestalt erhalten. Im Zuge der generellen Überführung der Berufsschulen in Berufskollegs und der damit verbundenen Neugliederung in den 1960er Jahren änderte die Schule abermals ihren Namen in »Gewerbliche Schulen III«. Ihren heutigen Namen erhielt die Schule erst 1999. Der Namensgeber Fritz Henßler war der erste Nachkriegsbürgermeister in Dortmund und gelernter Buchdrucker und Schriftsetzer. Somit fand auch die Ausrichtung der Schule in ihrem Namen einen Niederschlag. Heute ist die frühere Handwerker- und Kunstgewerbeschule als FHBK Teil der Berufsausbildung für gestaltungstechnische Berufe, aber auch für einige hochspezialisierte Bereiche wie Chemietechnik oder das Brauereiwesen.

Fragen des Erhalts

Der Handlungsbedarf zur Erneuerung des FHBK war wie bei vielen in die Jahre gekommenen Schulbauten groß. Die gesellschaftlichen Aufgaben der Institution Schule hatten sich in den letzten Jahrzehnten stark verändert und erweitert. Hinzu kamen technische Innovationen und steigende Schülerzahlen, wodurch zahlreiche Schulgebäude auch baulich als überholt galten. Raumgrößen und -zuschnitte entsprachen zum größten Teil nicht mehr den Nutzungsanforderungen der veränderten Berufsbilder. Diese waren im Laufe der Jahre einem starken technischen Wandel unterworfen, der bis zur Digitalisierung reichte. Nicht nur in den Werkstattbereichen ergab sich daraus ein Anpassungsbedarf durch neue Techniken, Flächenansprüchen und Funktionsabläufe. Auch neue pädagogische Konzepte hatten eine Vielzahl von spezifischen Nutzungsanforderungen an das Gebäude zur Folge, welche bei der Planung von Sanierung und Umbau zu beachten waren. So wurde auch für das FHBK eine Erweiterung und Sanierung unumgänglich. Allerdings blieb die Frage, ob und inwiefern für das Gebäude die Geschichte des Weiterbauens fortgeschrieben werden konnte.

Das Hauptproblem des FHBK bestand neben der Anpassung an die neuen Anforderungen darin, daß der Gebäudekomplex auf unsicherem Untergrund, nämlich einer »Torflinse«, steht. Aufgrund dieses kleinen, im Querschnitt linsenförmigen Moorgebiets im Baugrund hatte sich eine Absenkung ergeben, die zu einem Gefälle von 14 Zentimetern in der Längsachse geführt hatte. Dadurch waren Fußbodenverwerfungen und horizontale Verschiebungen von Bauteilen entstanden, die über die Jahre tiefe Setzungsrisse in den Altbauten und an den Nahtstellen der beiden historischen Baukörper sowie am hofseitigen Anbau hervorgebracht hatten. An einigen Stellen waren provisorische Sicherungsmaßnahmen durch den Einbau von Stahlträgern und Stahlstützen vorgenommen worden. Der weiche Untergrund hatte – neben jahrzehntelanger intensiver Nutzung und versäumter Bauunterhaltung – lange Zeit den Erhalt des historischen Gebäudes in Frage gestellt. Jahrelang wurde über Art und Umfang der Umbaumaßnahmen gestritten. Dabei reichten die Überlegungen von der einfachen Sanierung bis hin zu Abriß und Neubau. Eine zentrale Rolle spielte in diesem Zusammenhang der seit 1989 bestehende Denkmalschutz, aber vor allem auch die Kostenfrage. War eine denkmalgerechte Revitalisierung des Gebäudes im Rahmen des beschränkten Budgets überhaupt möglich?

Um das historische Gebäudeensemble den wachsenden Anforderungen entsprechend zukunftsfähig zu machen, hatte die Stadt Dortmund im Jahr 2013 ein europaweites VOF-Auslobungsverfahren ausgeschrieben. Das Architekturbüro SSP AG erhielt den Zuschlag für die integrale Planung zur Sanierung und Erstellung von Erweiterungs- bzw. Neubauten für den denkmalgeschützten Komplex. Die Aufgabe umfaßte ein Raumprogramm von etwa 9 600 qm Nutzfläche, die ungefähr zur Hälfte auf Bestand und Neubauten verteilt werden sollte. Im Bestand standen 7400 qm zur Verfügung, die um etwa 2 500 qm abgängige oder nicht erhaltenswerte Bausubstanz reduziert wurde. Dabei handelte es sich im wesentlichen um die in den 1950er Jahren hinzugefügten, hofseitigen Zweckbauten ohne Denkmalwert, die zur Verunklärung der Gesamterscheinung des Gebäudeensembles geführt hatten.

Erfahrung und integrale Planung

Das Bochumer Architekturbüro SSP AG stellte für diese Baumaßnahme einen Glücksfall dar – hatte sich das Büro doch mit einigen Projekten des Weiter- und Umbauens beweisen können. 1977 in Bochum gegründet, wo sich bis heute der Hauptsitz befindet, konnte sich die SSP AG im Ruhrgebiet mit zahlreichen, reviertypischen Konversionsprojekten etablieren. Dazu zählt beispielsweise der Umbau eines Pumpwerks zum Bürogebäude, die Umwandlung einer Kläranlage zum Park oder die Umwidmung einer Schachthalle zum Veranstaltungsraum. Diese Projekte stehen modellhaft für die Erneuerung von industriell geprägten Orten im Sinne eines Strukturwandels weit über die Region hinaus. Ein besonderes Beispiel in diesem Kontext ist die Sanierung und der Umbau des ehemaligen Magazins und des denkmalgeschützten Kauengebäudes mit Lohnhalle (1902–1904) zum Westfälischen Industriemuseum »Zeche Zollern« in Dortmund-Bövinghausen, durchgeführt von 1993 bis 1998.

Mit Sanierungen von Bauten aus den ersten Jahrzehnten des 20. Jahrhunderts hat das Büro auch abseits von Industriedenkmälern Erfahrung. Die von 1996 bis 1999 realisierte Erneuerung des traditionsreichen Bochumer Kaufhauses Kortum (1910–1920), ausgezeichnet mit dem Bundespreis für Denkmalschutz und Erhalt historischer Bausubstanz, hatte dem Büro SSP AG schließlich deutschlandweit Reputation verschafft. Es folgten zahlreiche Wettbewerbe darunter auch der für das Rathaus Arnsberg 2017 (4. Preis, Mitarbeit: soll sasse architekten) und für die Erweiterung des Josef Albers Museums Quadrat in Bottrop 2017 (Mitarbeit: soll sasse architekten). Das Büro erhielt aufgrund der sensibel geplanten Erweiterung eine Anerkennung. Als »sinnfällig erweiterte Gesamtfigur« wurde im Nordwesten des bestehenden Ensembles ein gestaffeltes Doppelquadrat plaziert, welches in Anlehnung an den Bestand in seiner Gestaltung von einem starken schwarz-weißen Kontrast durch gebrannte und geschlämmte Klinkersteine bestimmt wird. Die gestalterischen Qualitäten der Umgebungsgestaltung blieben so weitgehend erhalten.

Ein weiteres prominentes Projekt, allerdings nun aus der Nachkriegszeit, ist das Biodiversität- und Klimaforschungszentrum (BiK-F) in Frankfurt am Main (1953

8. Die »historische Halle« im Jahr 2014 vor der Renovierung des Gebäudes. (Photo: Jörg Hempel.)
9. Ein Klassenraum im Jahr 2014 vor der Renovierung des Gebäudes. (Photo: Jörg Hempel.)
10. Westfälisches Industriemuseum »Zeche Zollern«, Dortmund-Bövinghausen. (Photo: Joachim Schumacher.)
11. Kaufhaus Kortum, Bochum.(Photo: Joachim Schumacher.)

8. The »historic hall« in 2014 before the renovation of the building. (Photo: Jörg Hempel.)
9. A classroom in 2014 before the renovation of the building. (Photo: Jörg Hempel.)
10. Westphalian Industrial Museum »Zeche Zollern«, Dortmund-Bövinghausen.(Photo: Joachim Schumacher.)
11. Department store Kortum, Bochum.(Photo: Joachim Schumacher.)

pair work and reconstruction measures on the site of the former director's residence, an extension with four axes to the south and some very simple courtyard extensions were built. In 1954, the work on the school complex was completed, and the old building of the Handicraft and Arts and Crafts School had received the structural form which is still visible today. In the course of the general transfer of the vocational schools into vocational colleges and the associated restructuring in the 1960s, the school changed its name once again to »Commercial Schools III«. The school received its current name only in 1999. Fritz Henßler, who gave it its name, was the first postwar mayor of Dortmund and a trained printer and typesetter. Thus the orientation of the school is also reflected in its name. Today, as the FHBK, the former Handicraft and Arts and Crafts School is part of the vocational training for technically-oriented design professions, but also for some highly specialised areas such as chemical engineering or brewing.

Conservation issues

The need for action to renew the FHBK was, as with many aging school building, significant. The social tasks of the school as an institution had changed and expanded considerably in the last decades. In addition, technical innovations and increasing numbers of pupils had made many school buildings structurally obsolete. For the most part, room sizes and layouts no longer corresponded to the usage requirements created by changed job profiles. Over the years, these have been subject to major technical changes, which even led to digitalisation. It was not only in the workshop areas that there was a need to adapt to new technologies, space requirements, and functional processes. New educational concepts also resulted in a multitude of specific requirements for the use of the building, which had to be taken into account when planning renovation and conversion. Thus, an extension and renovation also became inevitable for the FHBK. However, a question remained as to whether and to what extent the history of the building could be continued.

The main problem with the FHBK, apart from adapting to the new requirements, was that the building complex was located on an unsafe plot of ground, namely a »peat lens«. Due to this small, lenticular mire area in the subsoil, a subsidence had resulted, which led to a gradient of 14 cm in the longitudinal axis. This had caused floor distortions and horizontal shifts of building components, which, over the years had caused deep settlement cracks in the old buildings and at the joints of the two historic structures as well as in the courtyard extension. In some places, provisional securing measures were taken by installing steel girders and steel supports. In addition to decades of intensive use and neglected building maintenance, the soft subsoil had been a threat to the preservation of the historic building for a considerable length of time. For years, the nature and extent of the conversion measures were disputed. Considerations ranged from simple renovation to demolition and new construction. In this context, the protection of historic monuments, which has existed since 1989, played a central role, but above all the question of costs. Was a revitalization of the building in accordance with the preservation order within the framework of the limited budgets at all possible?

In order to make the historic building ensemble fit for the future in line with the growing demands, the city of Dortmund had announced a Europe-wide VOF tendering procedure in 2013. The architectural office SSP AG was awarded the contract for the integrated planning for the renovation and construction of extensions and new buildings for the listed complex. The task comprised a space allocation plan of about 9 600 sqm of floor space, about half of which was to be divided between existing and new buildings. The existing building stock had 7400 sqm available, which was reduced by about 2 500 sqm of building fabric that was either dispensable or not worth preserving. These were mainly the courtyard-side functional buildings without historic value, which were added in the 1950s and which had led to the obscuring of the building ensemble.

Experience and integral planning

The Bochum-based SSP AG architectural office was a stroke of luck for this construction project – the office had been able to prove itself by carrying out several projects of carrying on building and conversion. Founded in Bochum in 1977 (the head office is still located there today), SSP AG was able to establish itself in the Ruhr area with numerous conversion projects typical for the region. These include, for example, the conversion of a pumping station into an office building, the conversion of a sewage-treatment plant into a park, or the rededication of a shaft hall as an event location. These projects serve as models for the renewal of industrially-shaped locations in the spirit of structural change far beyond the region. A special example in this context is the renovation and conversion of the former storage hall and the listed pithead-bath building with its wage hall (1902–1904) into the Westphalian Industrial Museum »Zeche Zollern« in Dortmund-Bövinghausen, carried out from 1993 to 1998.

The office is also experienced in the restoration of buildings from the first decades of the 20th century, even excluding the industrial monuments. The renovation of the traditional Bochum department store Kortum (1910–1920), which was completed from 1996 to 1999 and awarded the Federal Prize for the Protection and Preservation of Historic Buildings and Monuments, had finally given the architectural office SSP AG a nationwide reputation. Numerous competitions followed, including the one for the Arnsberg town hall in 2017 (4th prize, cooperation: soll sasse architekten) and for the extension of the Josef Albers Museum Quadrat in Bottrop in 2017 (cooperation: soll sasse architekten). The office received recognition for its sensitively planned extension. As an »obviously extended overall figure« a staggered double square was placed in the northwest of the existing ensemble, which, in reference to the existing building, is determined in its design by a strong black and white contrast of burnt and slurried clinker bricks. The creative qualities of the surrounding design were thus largely preserved.

Another prominent project, this time from the postwar period, is the Biodiversity and Climate Research Centre (BiK-F) in Frankfurt am Main (1953–1958). This building complex by Ferdinand Kramer was also at is-

bis 1958). Dieser Baukomplex von Ferdinand Kramer stand ebenfalls aufgrund von Problemen der Bausubstanz zur Disposition. Der Stahlbetonskelettbau mit seinen ausdrucksstarken Sonnenbrechern und dem vom Hauptgebäude abgesetzten Hörsaalkubus steht ganz in der Tradition eines Mies van der Rohe. SSP gelang es von 2009 bis 2013, im Rahmen einer Kernsanierung die vorhandenen architektonischen Qualitäten mit neuen Nutzungsanforderungen und dem Denkmalschutz in Einklang zu bringen und so ein weiteres Beispiel für eine gelungene Umnutzung zu schaffen. Ähnlich dem BiK-F verhält es sich mit der seit 2020 laufenden Sanierung der denkmalgeschützten Gebäude der Wirtschafts- und Sozialwissenschaftlichen Fakultät der Universität Köln (1959), entworfen von dem Kölner Architekten Wilhelm Riphan. Das Ensemble aus neungeschossiger Hochhausscheibe, Auditorium und Flachbauten, eingebettet in eine Grünzone, mit großzügigen Laubengängen und verglasten Innenhöfen wird durch ein sensibles Umbauen als Zeitzeuge der Nachkriegsmoderne zukunftsfähig bleiben.

Wie wichtig bei derartigen Sanierungsvorhaben der Nachhaltigkeitsaspekt ist, wird im Wettbewerbsentwurf für das Märkische Gymnasium Hamm 2015 deutlich (Mitarbeit: soll sasse architekten). Laut Jurybeurteilung bekannte sich das Büro »eindeutig zur Identität des Gymnasiums, indem sie die identitätsstiftenden Faktoren Konstruktion, Materialität und Farbigkeit zur Grundlage eines nachhaltigkeitsorientierten Produktionsprozesses machen«. Die Waschbetonverkleidung sollte demontiert, fragmentiert und neu eingefärbt werden, um so für das Gebäude eine Weiterentwicklung der Fassade zu ermöglichen. Es handele sich »um eine hoch wirtschaftliche Gesamtkombination, die mit dem Bestand respektvoll umgeht«, so die Beurteilung. Ein weiteres Projekt ist die seit 2020 laufende Planung zur Instandsetzung des denkmalgeschützten Hörsaalzentrums Kármán-Auditorium der RWTH Aachen (1977) von Jens-Peter Volkmer und Frank Welzel. Gemäß einer 1:1-Instandsetzung, aber ausgestattet mit heutiger Technik, soll der Bau bis 2024 wieder der ursprünglichen Nutzung zugeführt werden. Jüngstes Projekt ist die Sanierung der Stadthalle Göttingen (Fassadenentwurf: soll sasse architekten). Das entwickelte Konzept ist ein gutes Beispiel für die konsequente Weiterentwicklung eines Veranstaltungsbaus mit dem Ziel, eine attraktive Gestalt und effiziente Nutzungsmöglichkeiten zu vereinbaren und gleichzeitig mit besonderem Augenmerk auf die Fassade die Entstehungsgeschichte des Hauses sensibel zu wahren.

In all diesen Projekten zeigt sich eine enorme gestalterische, baumaterielle und konstruktionstechnische Vielfalt, die jedes Bauvorhaben zu einer individuellen Herausforderung macht. Von rauhen brutalistischen Betonbauten bis hin zur glatten, technisch perfekten Stahl-Glas-Architektur, von Industriedenkmälern bis hin zu Kunst-am-Bau-Objekten der Nachkriegsmoderne – in jedem Fall ist für ein gelungenes Weiterbauen ein Ineinandergreifen von besonderen fachlichen Kompetenzen im Hinblick auf Bestandsgeschichte, Technik, Material und Konstruktion unerläßlich. Daher gestaltet sich der Planungsprozeß bei SSP äußerst kooperativ und wird integral verstanden. In die analytische Vorgehensweise, dem eine umfassende Bestandsaufnahme und die Antizipation möglicher Entwicklungen vorausgeht, sind Architekten, Stadtplaner, Ingenieure und Sachverständige bei jedem Projekt gemeinschaftlich eingebunden. Für das FHBK bedeutete dieser integrale Planungsansatz, auch alle weiteren Beteiligten wie Bauherren, Fachplaner, Lehrer, Schüler sowie die Denkmalpflege von Beginn an in die Konzeption miteinzubeziehen.

Neuinterpretation und Nachhaltigkeit

Die Kontinuität des Weiterbauens bildete für das Konzept zur Erweiterung und Sanierung des FHBK die entscheidende Basis. In enger Abstimmung mit der Denkmalbehörde der Stadt Dortmund, der LWL-Denkmalpflege, Landschafts- und Baukultur in Westfalen und den Nutzern des Gebäudes wurde ein Gesamtkonzept entwickelt, das eine Neuinterpretation des Gebäudes ermöglichte. Das Entwurfskonzept sah im Kern eine Addition von zwei Gebäuderiegeln vor, die erlaubten, das straßenseitige Denkmal sowie das Hofdenkmal konsequent zu einer zweibündigen Anlage mit mittleren Erschließungsfluren weiterzuentwickeln. Die Lösung umfaßt einen Anbau an den Nordostflügel sowie den Neubau eines Seitenflügels im Innenhof. Hierdurch entstand eine logische Gebäudestruktur, die kurze Erschließungswege bietet. Architekt Matthias Solbach von SSP bringt es wie folgt auf den Punkt: »Die Vorgaben des Bestandes waren trotz des Baudekors so klar, daß sich uns nach kurzer Strukturanalyse die Lösung aufdrängte.« Obwohl die Flächenverteilung zu gleichen Teilen an Bestand und Neubau ging, gab der Bestand die Gebäudekonfiguration sowohl im Inneren als auch im Äußeren vor. Aufgrund der flächeneffizienten Addition der jeweils fünfgeschossigen Riegel konnte das Bauvolumen der Neubauten zugunsten einer Bestandsstärkung auf ein Minimum reduziert werden. Durch die Nutzung der Flure der Altbauten konnten Neubaukörper generiert werden, die statt Verkehrsflächen nahezu ausschließlich Nutzflächen beinhalten.

Gestartet wurde das Bauvorhaben mit Abrißarbeiten und Baugrundertüchtigungen, um weitere Setzbewegungen des Gebäudes auszuschließen. Zur Stabilisierung der Bestandsbaukörper wurde der Baugrund unterhalb der gemauerten Fundamente über ein Injektionsverfahren mit expandierenden Spezialharzen verfestigt. Die Neubaukörper wurden auf insgesamt 371 Mörtelsäulen gegründet, die Einzellängen von bis zu 11,25 m aufweisen. Am 7. April 2016 konnte dann schließlich die Grundsteinlegung erfolgen. Die Fassadengestaltung der Ergänzungsbauten rekurriert auf die Proportionen und die charakteristische Systematik der Bestandsgebäude. Öffnungsgrößen und Unterteilungen der Fensteranlagen orientieren sich in Anordnung und Maßverhältnis an den funktionalen Anforderungen und decken sich auch über hundert Jahre später noch mit den gestalterischen Vorgaben des Vorgängerbaus. In der Materialwahl entschied man sich mit Blick auf die Geschichte des Hauses für Holz-Aluminium-Fenster. Zur Gestaltung stellt Architekt Frank Köller fest: »Nicht nur in der Fassadengestaltung verhalten sich Neu- und Altbauten auf subtile Art invers: Die Ergänzungsbauten zeigen Flachdächer, die Bestandsbauten dagegen Satteldächer. Während die Neubauten eine strenge, glatte Fassadenstruktur aufweisen, zeigen die Altbauten ein wenig ornamentiertes, aber stark gegliedertes Fassadenbild. Die helle Ziegelfassade der Neubauten als Sinnbild für Beständigkeit und Nachhaltigkeit stellt in seiner Natürlichkeit eine harmonische Angleichung an die Putzfassade der Bestandsgebäude dar und interpretiert ihre Formen-

12. Rathaus Arnsberg.
13. Josef Albers Museum Quadrat, Bottrop.
14. Stadthalle Göttingen.

12. Town hall Arnsberg.
13. Josef Albers Museum Quadrat, Bottrop.
14. Municipal hall Göttingen.

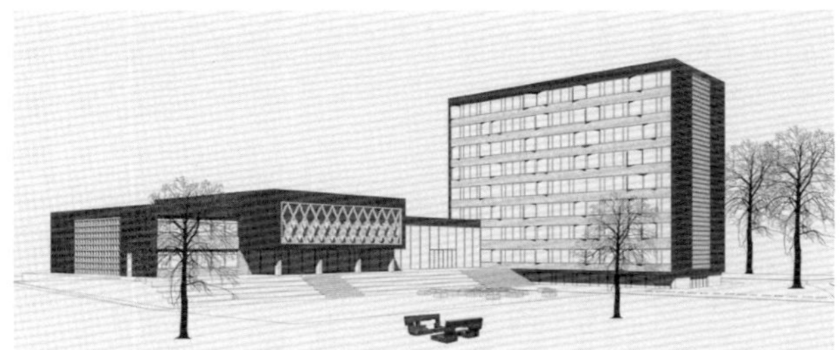

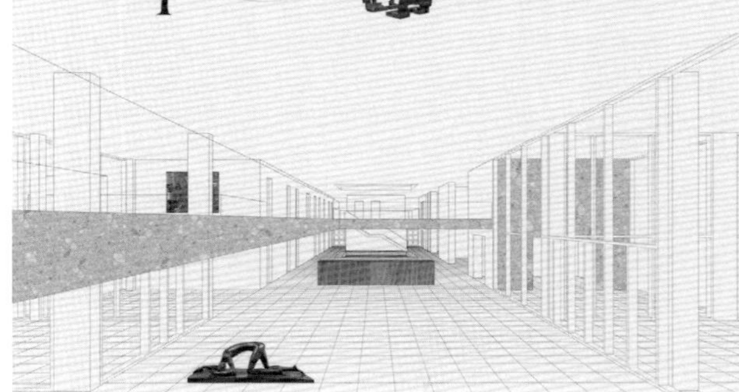

sue due to problems with the building fabric. The reinforced concrete skeleton construction with its expressive sunbreakers and the auditorium cube set off from the main building is entirely in the tradition of Mies van der Rohe. Between 2009 and 2013, SSP succeeded in bringing the existing architectural qualities into harmony with new usage requirements and the protection of monuments within the framework of a core renovation, thus creating another example of successful conversion. Similar to the BiK-F, the renovation of the listed buildings of the Faculty of Economics and Social Sciences of the University of Cologne (1959), designed by the Cologne architect Wilhelm Riphan, has been underway since 2020. The ensemble of nine-storey highrise slab, auditorium and low-rise buildings, embedded in a green zone, with generous arcades and glazed inner courtyards, will remain viable for the future as a contemporary witness of postwar modernity through a sensitive conversion.

The importance of the sustainability aspect in refurbishment projects of this type is made clear in the competition design for the Märkisches Gymnasium Hamm in 2015. According to the jury's assessment, the office »clearly committed itself to the identity of the grammar school by making the identity-creating factors of construction, materiality, and colourfulness the basis of a sustainability-oriented production process«. The exposed cladding of washed-out concrete was to be dismantled, fragmented, and re-coloured to enable the building's façade to be further developed. It is »a highly economical overall combination that treats the existing building with respect«, according to the assessment. An additional project was the planning (since 2020) for the restoration of the Kármán Auditorium lecture hall centre of the RWTH Aachen University (1977) by Jens-Peter Volkmer and Frank Welzel, which has been under a preservation order. A 1:1 restoration, but equipped with today's technology, the building is to be returned to its original use by 2024. The latest project is the renovation of the Göttingen municipal hall (façade design: soll sasse architekten). The concept worked out is a good example of the consistent further development of an event building with the aim of combining an attractive design and efficient usage options, while at the same time sensitively preserving the history of the house's origins by paying particular attention to the façade.

In all these projects, an enormous variety in view of design, building material and construction techniques can be seen, which makes every building project an individual challenge. From rough brutalist concrete buildings to smooth, technically perfect steel and glass architecture, from industrial monuments to postwar modern art objects – in every case, an interlocking of special technical skills with regard to the history of the building, technology, materials and construction is indispensable for a successful carrying on building. Therefore, the planning process at SSP is extremely cooperative and is understood integrally. Architects, urban planners, engineers, and other experts are jointly involved in the analytical procedure, which is preceded by a comprehensive survey and the anticipation of possible developments. For the FHBK, this integral planning approach meant that all other parties involved, such as building owners, specialist planners, teachers, pupils, and those responsible for the preservation of historic monuments, were involved in the concept from the very beginning.

Reinterpretation and sustainability

The continuity of carrying on building formed the decisive basis for the concept for the expansion and renovation of the FHBK. In close cooperation with the monument authority of the city of Dortmund, the LWL-Denkmalpflege, Landschafts- und Baukultur in Westphalia and the users of the building, an overall concept was developed which enabled a new interpretation of the building. The design concept basically provided for the addition of two building blocks, which allowed the street-side monument and the courtyard monument to be consistently developed into a double-loaded complex with central access corridors. The solution includes an extension to the northeast wing and the construction of a new side wing in the inner courtyard. This resulted in a logical building structure that offers short access routes. Architect Matthias Solbach from SSP sums it up as follows: »Despite the building decor, the specifications of the existing building were so clear that after a short structural analysis the solution was imposed on us.« Although the distribution of space was divided equally between existing and new buildings, the existing building provided the building configuration both inside and outside. Due to the area-efficient addition of the five-storey blocks, the construction volume of the new buildings was reduced to a minimum in favour of strengthening the existing stock. By using the corridors of the old buildings, it was possible to generate new buildings that almost exclusively contain usable space instead of traffic areas.

The construction project began with demolition work and subsoil improvement to prevent further settlement of the building. To stabilize the existing buildings, the subsoil beneath the brick foundations was consolidated using an injection process with expanding special resins. The new buildings were founded on a total of 371 mortar columns with individual lengths of up to 11.25 m. The foundation stone was finally laid on 7 April 2016. The façade design of the supplementary buildings is based on the proportions and characteristic systematics of the existing buildings. The opening sizes and subdivisions of the window systems are based on the functional requirements in terms of arrangement and dimensions, and even more than a hundred years later they still correspond to the design specifications of the predecessor building. The choice of materials was made with a view to the history of the house for wood-aluminium windows. As far as design is concerned, architect Frank Köller states: »It is not only in the façade design that new and old buildings behave in a subtly inverted way: The supplementary buildings have flat roofs, whereas the existing buildings have gable roofs. While the new buildings have a strict, smooth façade structure, the old buildings have a less ornamental but highly structured façade. With its natural quality, the light tile façade of the new buildings as a symbol of confirmation and sustainability is a harmonious alignment with the plaster façade of the existing buildings and interprets their formal language in a contemporary way.« In their strictly functional formal language, the supplementary buildings are thus clearly distinguished from the old stock, without appearing out of place. The old and new buildings are visibly separated from each other by the classic motif of the »glass joint« to make the transition clear.

sprache zeitgenössisch.« In ihrer streng sachlichen Formensprache grenzen sich die Ergänzungsbauten somit deutlich vom Altbestand ab, ohne dabei jedoch deplaziert zu wirken. Alt- und Neubau werden durch das klassische Motiv der »gläsernen Fuge« sichtbar voneinander getrennt, um den Übergang deutlich zu machen.

Alt und Neu im Inneren

Prunkstück des Hauses ist die »historische Halle«, in der alte Wandelemente wieder herausgearbeitet wurden. Hinter dem ehemaligen Haupteingang an der Brügmannstraße wurden Kassettendecken, die unter Gipskarton verborgen waren, wiederentdeckt und aufgearbeitet. Auch die später hinzugefügten graphischen Wandgestaltungen aus den 1950er Jahren konnten aufgearbeitet und erhalten werden. Die Erschließung wurde vollkommen neu organisiert. Durch die Anordnung der Treppenräume ist eine gesonderte Erschließung beider Gebäudeteile möglich. Der Hauptzugang erfolgt nun nordseitig über eine große Freitreppenanlage, die nicht nur gekonnt zwischen Innen- und Außenraum vermittelt, sondern gleichzeitig mit ihren Sitzmöglichkeiten eine Art Freiluftauditorium schafft und auch für die Pausen Aufenthaltsqualitäten bietet. Im neuen Eingangsbereich ist zitathaft ein altes Fenster inszeniert, ebenso konnten an den innenliegenden Treppenaufgängen der Anbauten historische Außenfronten erhalten werden, um so auf die Historie und Baugeschichte des Hauses zu verweisen.

Im Erdgeschoß wurde ein großzügiger öffentlicher Bereich geschaffen, der nicht nur den Anforderungen des regulären Schulbetriebs gerecht wird. Neben der zentralen vertikalen Haupterschließung und sanitären Einrichtungen finden sich hier alle fachübergreifenden Räumlichkeiten wie eine Cafeteria, ein Mehrzweckraum, die Schülervertretung, ein Selbstlernzentrum und die Verwaltung. Herzstück ist das gläserne Forum im Anbau zum Innenhof, das die Möglichkeit für schulöffentliche Begegnungen sowie Veranstaltungen der verschiedensten Art bietet.

Bei der Sanierung eines denkmalgeschützten Gebäudes wie dem FHBK sind Architekten gehalten, Maßnahmen zur Energieeinsparung sorgsam mit den baukulturellen Belangen abzuwägen. Im Altbauteil konnten die großzügigen Geschoßhöhen von 4,25 m und lichten Raumhöhen von etwa 3,90 m erhalten und gleichermaßen für den Neubauteil übernommen werden. Damit können Betriebskosten eingespart werden, da eine weitgehende natürliche Belüftung möglich ist. Hervorzuheben ist an dieser Stelle besonders der Nachhaltigkeitsaspekt der integralen Planung. Dieser beruht zuerst auf einer ressourcenschonenden, möglichst umfänglichen Weiternutzung der vorhandenen Bausubstanz – auch im Inneren der Gebäude. Die Grau-Energie des Bestandsbaus von knapp 9 000 qm verhinderte den Einsatz von neuen Materialien und sparte damit die Energie zu deren Produktion. Weiterhin wurde durch die Inanspruchnahme eines bestehenden Grundstücks mit einer sorgfältig geplanten Nachverdichtung kein zusätzlicher Verbrauch von neuer unversiegelter Fläche und keine Errichtung neuer Infrastruktur erforderlich. Bei allen notwendigen Baumaßnahmen wurde auf den Einsatz von Verbundmaterialien weitestgehend verzichtet, um die Verwendung natürlicher und langlebiger Materialien wie Holz, Ziegel, Zementputz, Beton und Stahl zu stärken. »Der Blick für das Ganze, die Besinnung auf die vorhandene ›Gebäude-DNA©‹ spürt die wirklich nachhaltigen Bestandteile auf«, so Architekt Thomas Schmidt von SSP. Nur eine derart ganzheitliche Betrachtung kann im Ergebnis zu einem wirklich qualitätsvollen Weiterbauen führen.

Eine Geschichte des Weiterbauens

Das bauliche Ensemble des FHBK, das Bauteile aus allen wichtigen Stadtentwicklungsphasen Dortmunds umfaßt, stellt ein Musterbeispiel für städtisches und innovatives Weiterbauen dar. Erst in seiner vierten Bauphase, die ebenfalls durch ein auf Kontinuität setzendes Weiterbauen geprägt ist, wurden die verschiedenen Zeitschichten durch den sensiblen Umbau von SSP zu einer neuen Einheit verschmolzen. In seiner Typologie, in seinen Geschoßhöhen und in der Fassadengliederung orientierte sich die Neuplanung durch das Bochumer Architekturbüro am denkmalgeschützten Bestand und führte diesen angemessen in einer eigenen Sprache weiter. Entstanden ist ein spannender Dialog zwischen Alt und Neu: ein Schulbau, dessen monumentale Fassade und zentrale Räume noch vom alten Glanz der Großstadtwerdung Dortmunds zeugen, in dessen Innerem aber ein zukunftsfähiger Schulbetrieb installiert ist, der vielfältige pädagogische Konzepte unterstützt und nach dem neuesten Stand der Technik beste Bildungsmöglichkeiten bietet.

Eine spannende Klammer ergab sich darüber hinaus während der Planungsphase im Jahr 2015. Die Ausstellung »Baukunst für Bildung – Weiterbauen am Fritz-Henßler-Berufskolleg in Dortmund« präsentierte vom 29. Mai bis 29. Juni 2015 im alten Museum am Ostwall die Umbaugeschichte des Schulbaus im Brügmannblock. Anhand von historischen Planunterlagen und Photographien wurde neben der Baugeschichte des Gebäudes auch der planerische Umgang mit dem Denkmal dokumentiert und so ein Bogen zu seinem zukünftigen Erscheinungsbild geschlagen. Dabei wurde das Museum am Ostwall, heute das Baukunstarchiv NRW, selbst zum Exponat, denn in dieser Zeit stand das Gebäude leer. Erbaut 1875 als Verwaltungsbau, wurde es 1911 zum Kunst- und Gewerbemuseum umgebaut. Somit stammt das Gebäude nicht nur aus derselben Epoche wie das Berufskolleg, sondern auch aus der Feder desselben Architekten. Dessen berufliche Geschichte ist ebenso eng verknüpft mit denkmalgerechtem Weiterbauen wie die Geschichte des Architekturbüros SSP AG. Und ebenso wie die Geschichten beider Häuser: dem Museum am Ostwall und dem FHBK. Durch sensible, aber effiziente Eingriffe blieben die Bauten im Straßenbild weitestgehend unverändert und erhielten im Inneren eine funktionale Aufwertung, die sie zukunftsfähig werden ließ. Dank des erfolgreichen Weiterbauens gelten auch für das Fritz-Henßler-Berufskolleg Friedrich Kullrichs Worte: »Als denkmalwertes Gebäude pietätvoll im Stadtbild erhalten.«

15. Ausstellung »Baukunst für Bildung – Weiterbauen am Fritz-Henßler-Berufskolleg in Dortmund« im alten Museum am Ostwall, Dortmund.

15. Exhibition »Baukunst für Bildung – Weiterbauen am Fritz-Henßler-Berufskolleg in Dortmund« in the old Museum am Ostwall, Dortmund.

Literatur

Sonja Hnilica, *Das Alte Museum am Ostwall. Das Haus und seine Geschichte*, Essen 2014.

Sonja Hnilica, »Schulbau in Dortmund im 21. Jahrhundert«, in: Dieter Nellen, Wolfgang Sonne, Ludger Wilde (Hg.), *Dortmund bauen – Masterplan für eine Stadt. Strategien und Perspektiven der Dortmunder Stadtentwicklungspolitik in den ersten beiden Jahrzehnten des 21. Jahrhunderts*, Berlin 2018, S. 232–237.

Frank Köller, Thomas Schmidt, »GreytoGreen – sorgsamer Umgang mit einem wertvollen Denkmal. Sanierung und Neubau Fritz-Henßler-Berufskolleg Dortmund«, in: *Bausubstanz*, 6/2019, S. 50–55.

Stefan Mühlhofer, Wolfgang Sonne, Barbara Welzel (Hg.), *Dortmunder Passagen. Ein Stadtführer*, Berlin 2019.

»Sensible Neuinterpretation. Erweiterung und Sanierung des Fritz-Henßler-Berufskollegs Dortmund«, in: *Cube*, 4/2018, S. 30, 31.

Old and new inside

The showpiece of the house is the »historic hall«, in which the old wall elements have been carved out again. Behind the former main entrance at the Brügmannstraße, cassette ceilings hidden under plasterboard were rediscovered and refurbished. The graphic wall designs, which were added in the 1950s, were also rediscovered and preserved. The building access was completely reorganized. The arrangement of the stairwells allows separate access to both parts of the building. The main entrance is now on the north side via a large outdoor staircase, which not only skilfully mediates between inside and outside, but also creates a kind of open-air auditorium with seating facilities and, in addition, provides a good place to spend time during breaks. In the new entrance area, an old window is presented as a kind of quotation, and historic external fronts were also preserved on the internal staircases of the annexes, in order to refer to the history and building history of the house.

On the ground floor, a spacious public area was created which not only meets the requirements of regular school operations. In addition to the central vertical main access and sanitary facilities, all the multidisciplinary rooms such as a cafeteria, a multi-purpose room, the student council, a self-study centre and the administration are located here. The heart of the public space is the glass forum in the extension to the inner courtyard, which offers the possibility for school meetings and events of various kinds.

When renovating a listed building such as the FHBK, architects are required to carefully weigh up energy-saving measures with the cultural aspects of the building. In the old part of the building, the generous floor heights of 4.25 m and clear room heights of about 3.90 m were successfully maintained and matched in the new part. This meant a saving in operating costs, as it made extensive natural ventilation possible. The sustainability aspect of integral planning is particularly noteworthy at this point. This is first and foremost based on a resource-saving, extensive further use of the existing building fabric – including inside the buildings. The embodied energy of the existing building stock of scarcely 9 000 sqm prevents the use of new materials and thus saved the energy required for their production. Furthermore, the use of an existing plot of land with carefully planned redensification did not require any additional consumption of new unsealed land or the construction of new infrastructure. In all necessary construction measures, the use of composite materials was avoided as far as possible to strengthen the use of natural and durable materials such as wood, brick, cement plaster, concrete, and steel. »The view for the whole, the reflection on the existing ›Building DNA©‹ tracks down the really sustainable components«, says architect Thomas Schmidt from SSP. Only such a holistic approach can lead to a really high-quality carrying on building.

A history of carrying on building

The architectural ensemble of the FHBK, which includes components from all important urban-development phases in Dortmund, is a prime example of urban and innovative carrying on building. Only in its fourth construction phase, which is also characterized by a continuity-based development, were the different time layers merged into a new unit through the sensitive conversion by SSP. In its typology, storey heights and façade structure, the new planning by the Bochum architectural office was based on the existing listed building, and continued this appropriately in its own language. The result is an exciting dialogue between old and new: a school building whose monumental façade and central rooms still bear witness to the old glory of Dortmund's becoming a major city. Inside, however, a sustainable school operation has been installed that supports diverse pedagogical concepts and offers the best educational opportunities using state-of-the-art technology.

An exciting link was also created during the planning phase in 2015. Held from 29 May to 29 June 2015 in the old Museum am Ostwall, the exhibition »Baukunst für Bildung – Weiterbauen am Fritz-Henßler-Berufskolleg in Dortmund« presented the reconstruction history of the school building in the Brügmannblock. Historic planning documents and photographs were used to document the building's construction history as well as the way in which the monument was planned, thus creating a link to its future appearance. The Museum am Ostwall, today the Baukunstarchiv NRW, itself became an exhibit, because at that time the building was empty. Built in 1875 as an administrative building, it was converted into a museum of art and trade in 1911. Thus the building not only dates from the same epoch as the vocational college, but also from the pen of the same architect. His professional history is just as closely linked to carrying on building in accordance preservation as the history of the architectural office SSP AG. And, just as the stories of both buildings: the Museum am Ostwall and the FHBK. Through sensitive but efficient interventions, the buildings in the streetscape remained largely unchanged and received a functional upgrade inside that made them sustainable. Thanks to the successful carrying on building, Friedrich Kullrich's words also apply to the Fritz-Henßler-Berufskolleg: »As a building worthy of preservation, reverently preserved in the cityscape.«

Bibliography

Sonja Hnilica, *Das Alte Museum am Ostwall. Das Haus und seine Geschichte*, Essen, 2014.

Sonja Hnilica, »Schulbau in Dortmund im 21. Jahrhundert«, in: Dieter Nellen, Wolfgang Sonne, Ludger Wilde (eds.), *Dortmund bauen – Masterplan für eine Stadt. Strategien und Perspektiven der Dortmunder Stadtentwicklungspolitik in den ersten beiden Jahrzehnten des 21. Jahrhunderts*, Berlin, 2018, pp. 232–237.

Frank Köller, Thomas Schmidt, »GreytoGreen – sorgsamer Umgang mit einem wertvollen Denkmal. Sanierung und Neubau Fritz-Henßler-Berufskolleg Dortmund«, in: *Bausubstanz*, 6/2019, pp. 50–55.

Stefan Mühlhofer, Wolfgang Sonne, Barbara Welzel (eds.), *Dortmunder Passagen. Ein Stadtführer*, Berlin, 2019.

»Sensible Neuinterpretation. Erweiterung und Sanierung des Fritz-Henßler-Berufskollegs Dortmund«, in: *Cube*, 4/2018, pp. 30, 31.

1–3. SchürmannSpannel AG, Neubau des Technikums und Sanierung des Hochhauses für die Fakultät für Maschinenwesen an der RWTH Aachen, 2005–2020. (Photos: Jörg Hempel.)
4–6. SchürmannSpannel AG, »Schwarzer Kubus«, Schachthalle und Fördergerüst mit »UFO« von Luigi Colani, Lünen, 2007–2009. (Photos: Joachim Schumacher.)
7–10. SchürmannSpannel AG, Biodiversität und Klima Forschungszentrum (BiK-F), Frankfurt am Main, 2008 bis 2013. (Photos: Jörg Hempel.)
11–13. SchürmannSpannel AG, »Blue Office«, Bochum, 2011–2013. (Photos: Jörg Hempel.)
14–17. SchürmannSpannel AG, Technologie- und Bildungszentrum (TBZ) Energie & Bau, Köln, 2012–2017. (Photos: Jörg Hempel.)

1–3. SchürmannSpannel AG, new building of the technical laboratory and refurbishment of the high-rise building for the Faculty of Mechanical Engineering at RWTH Aachen, 2005–2013. (Photos: Jörg Hempel.)
4–6. SchürmannSpannel AG, »Black Cube«, shaft building and hoist frame with »UFO« by Luigi Colani, Lünen, 2007–2009. (Photos: Joachim Schumacher.)
7–10. SchürmannSpannel AG, Biodiversity and Climate Research Centre (BiK-F), Frankfurt am Main, 2008 bis 2013. (Photos: Jörg Hempel.)
11–13. SchürmannSpannel AG, »Blue Office«, Bochum, 2011–2013. (Photos: Jörg Hempel.)
14–17. SchürmannSpannel AG, Technology and Training Centre (TBZ) Energy & Construction, Cologne, 2012 to 2017. (Photos: Jörg Hempel.)

SchürmannSpannel AG ist der frühere Name von SSP AG. Die Umbenennung erfolgte 2017.
SchürmannSpannel AG is the former name of SSP AG. The renaming took place in 2017.

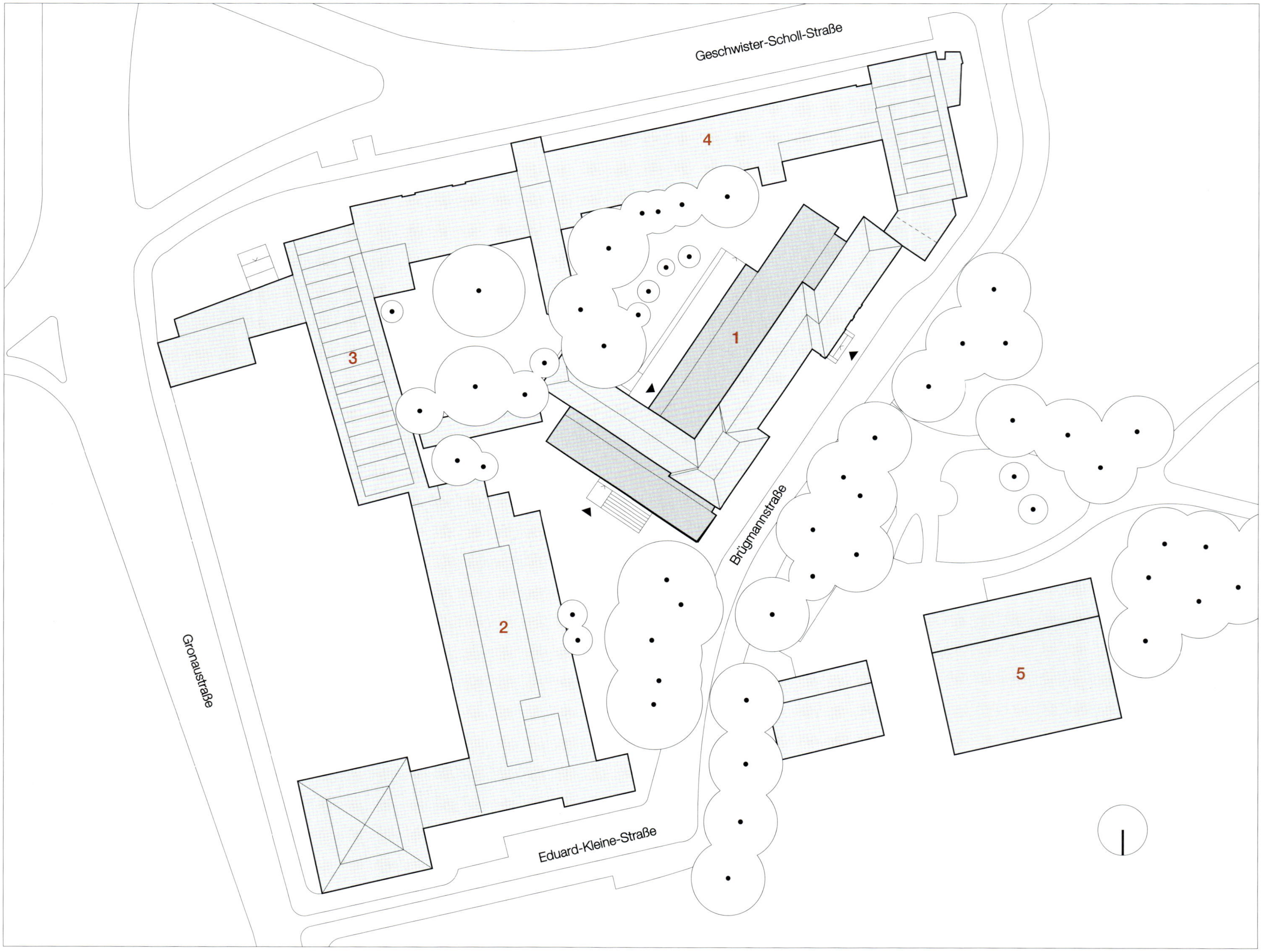
Geschwister-Scholl-Straße
4
3
1
2
5
Brügmannstraße
Gronaustraße
Eduard-Kleine-Straße

1. Lageplan. Legende: 1 Fritz-Henßler-Berufskolleg, 2 Leopold-Hoesch-Berufskolleg, 3 Konrad-Klepping-Berufskolleg, 4 Karl-Schiller-Berufskolleg, 5 Brügmann-Sporthalle.
2. Luftphoto von Norden.

1. Site plan. Key: 1 Fritz-Henßler-Berufskolleg, 2 Leopold-Hoesch-Berufskolleg, 3 Konrad-Klepping-Berufskolleg, 4 Karl-Schiller-Berufskolleg, 5 Brügmann-Sporthalle.
2. Aerial photo from the north.

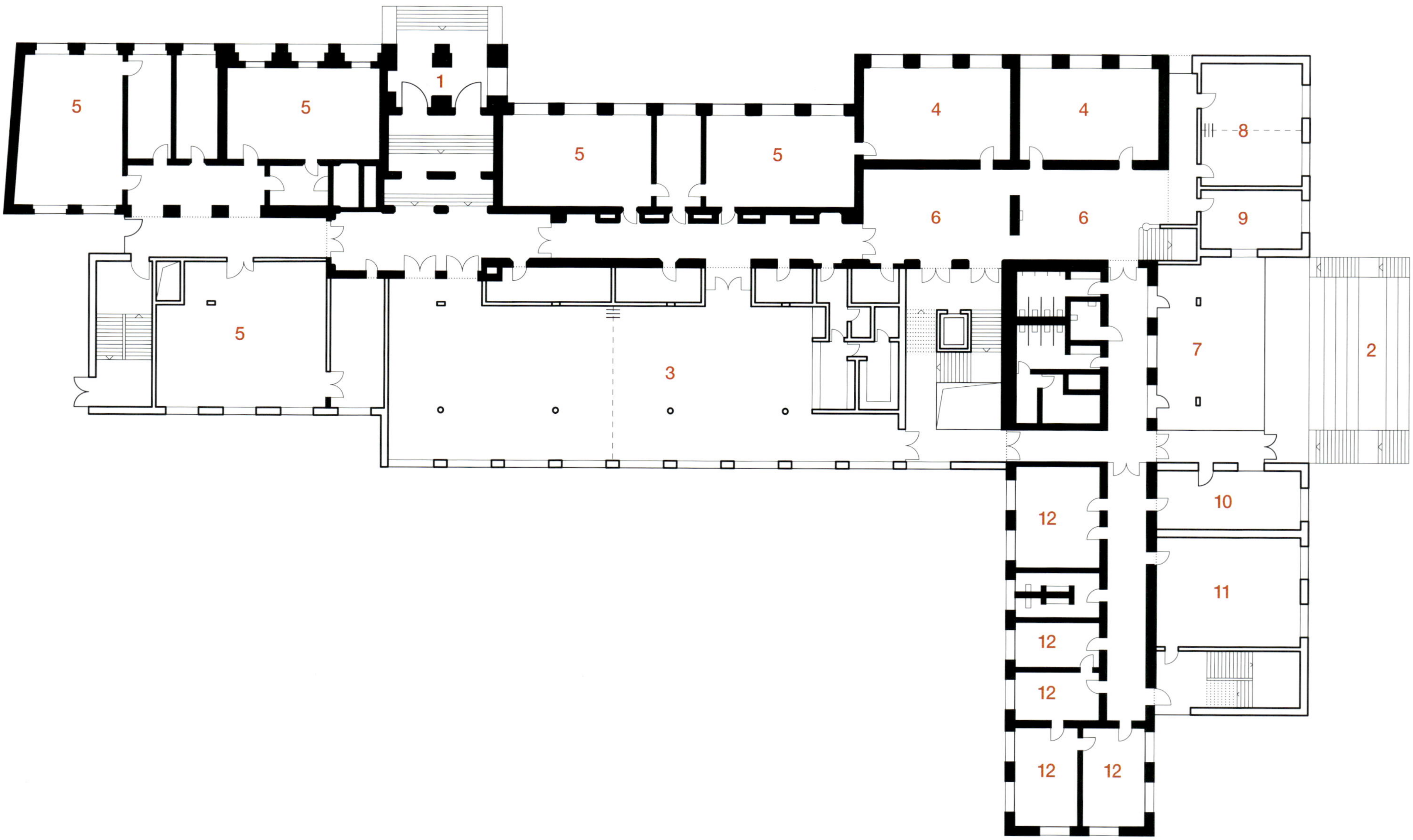
1
2
3
4
5
6
7
8
9
10
11
12

3, 4. Grundrisse (Erdgeschoß, 1. Obergeschoß). Legende: 1 alter Eingang, 2 neuer Eingang, 3 Forum, 4 Klassenraum, 5 Werkraum, 6 »historische Halle«, 7 Selbstlernzentrum, 8 Besprechungsraum, 9 Hausmeister, 10 Sekretariat, 11 Lehrerzimmer, 12 Verwaltung.

3, 4. Floor plans (ground floor. 1st floor). Key: 1 old entrance, 2 new entrance, 3 forum, 4 class room, 5 work room, 6 »historic hall«, 7 self-study centre, 8 meeting room, 9 custodian, 10 secretary's office, 11 teachers' room, 12 administration.

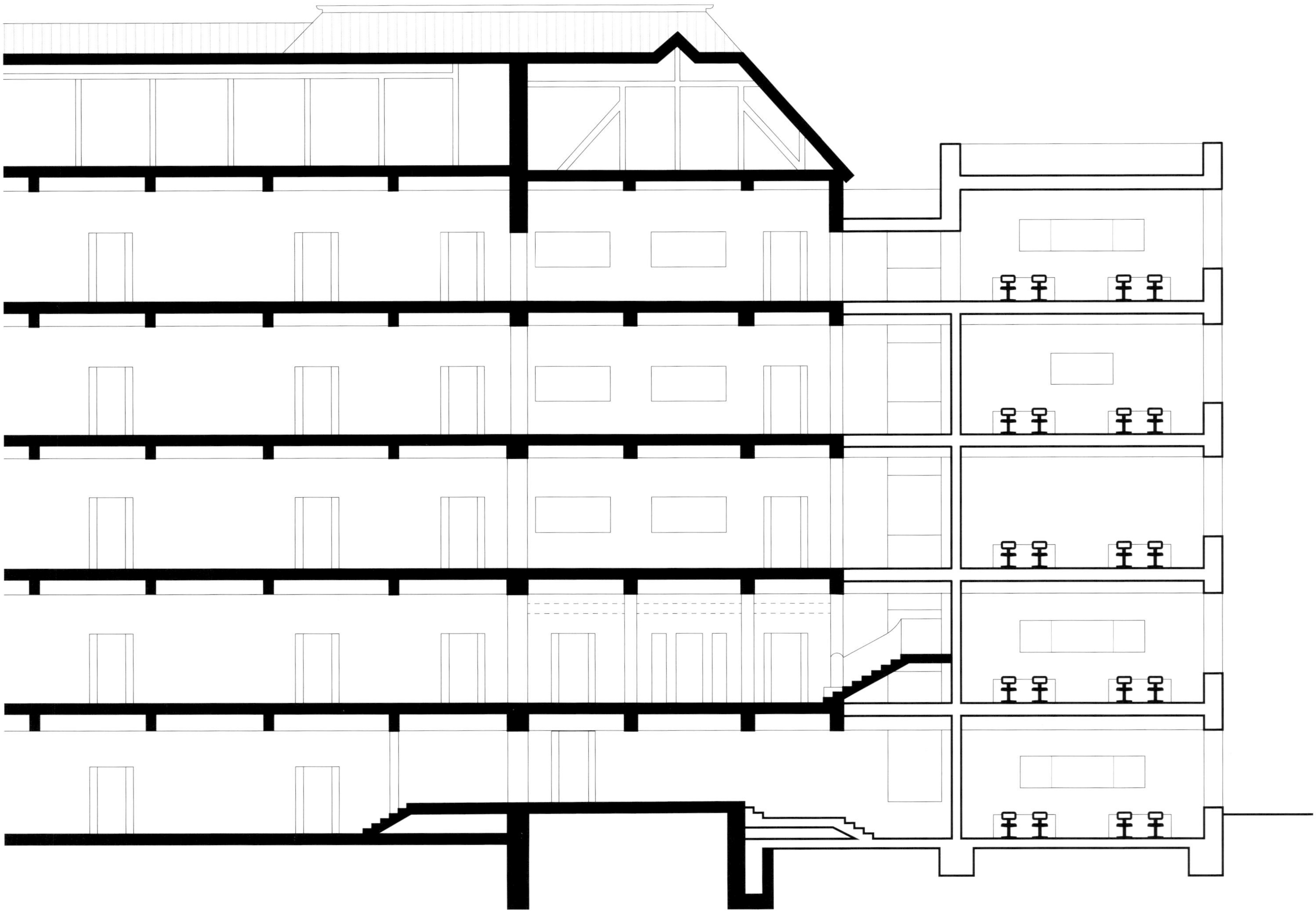

5, 6. Schnitte.

5, 6. Sections.

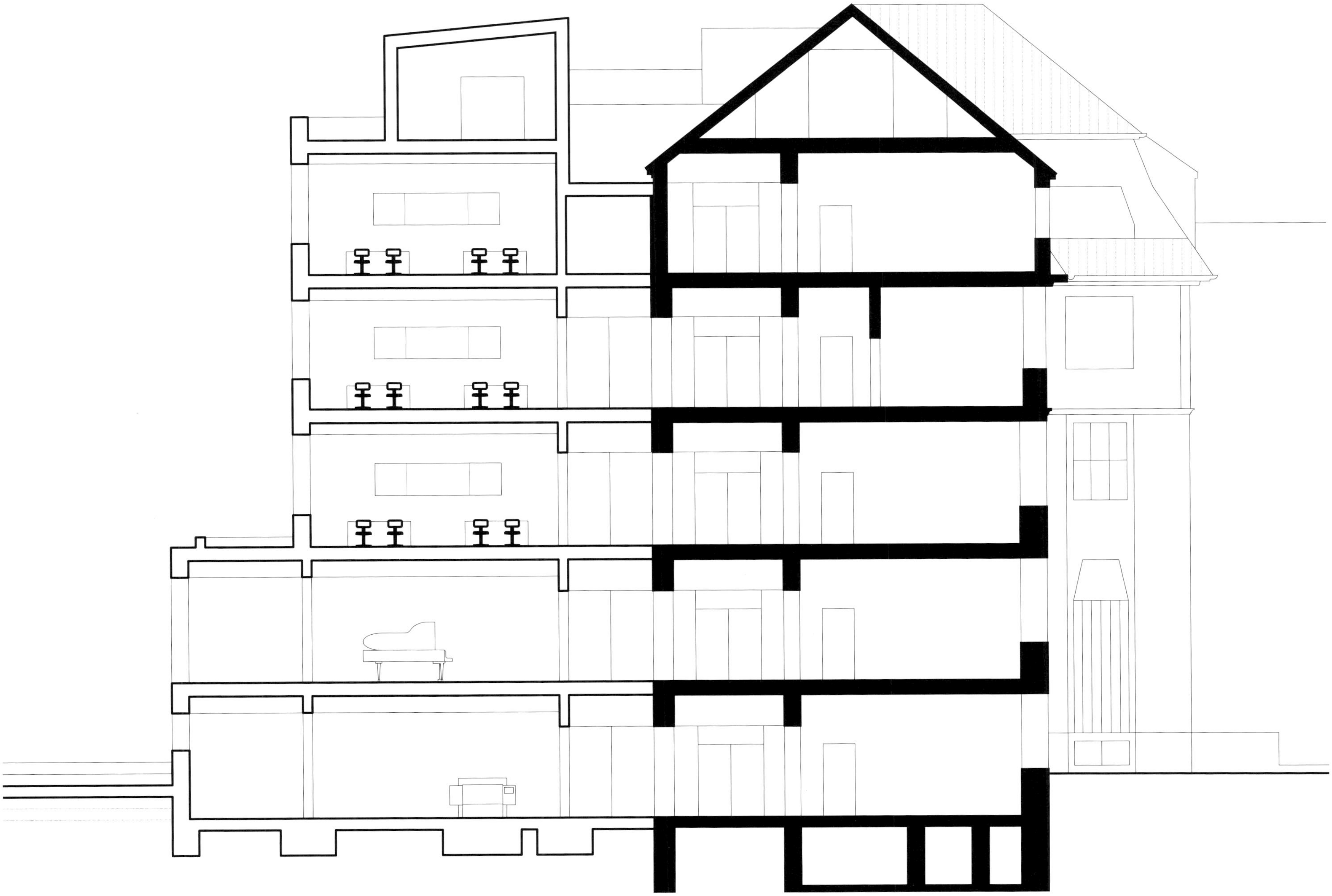

1. Gesamtansicht von Norden.

1. Overall view from the north.

2. Gesamtansicht von Südwesten.

2. Overall view from the southwest.

3. Die Übergangszone zwischen dem Altbau und dem Neubau auf der Nordwestseite des Gebäudes.
4. Der alte Eingang auf der Nordwestseite des Gebäudes.

3. The transition zone between the old and the new part on the northwest side of the building.
4. The old entrance on the northwest side of the building.

FRITZ HENSSLER BERUF

5. Ansicht des neuen nordöstlichen Flügels mit dem neuen Eingang.

5. View of the new northeast wing with the new entrance.

S. 32/33
6. Gesamtansicht von Südosten.

pp. 32/33
6. Overall view from the southeast.

7. Das Selbstlernzentrum im Erdgeschoß.

7. The self-study centre on the ground floor.

8, 9. Historische Fassadenelemente im Erdgeschoß und im 1. Obergeschoß.

8, 9. Historic façade elements on the ground floor and on the first floor.

10, 11. Der Innenbereich des alten Eingangs.

10, 11. The inside area of the old entrance.

12, 13. Das neue Treppenhaus mit Aufzug und die Flurzone im 1. Obergeschoß.

12, 13. The new staircase with elevator and the corridor zone on the 1st floor.

14,15. Die Flurzone im Dachgeschoß mit den alten Stahlbetonbindern.

14,15. The corridor zone in the attic with the old reinforced-concrete binders.

16. Die »historische Halle« im Erdgeschoß.

16. The »historic hall« on the ground floor.

Schulte-Kump
Seit 30 Jahren
Drinks
Croissant
Best Donuts
breakfast + lunch

17, 18. Die Cafeteria und das Forum im Erdgeschoß.

17, 18. The cafeteria and the forum on the ground floor.

19. Werkraum für Holzbearbeitung im Erdgeschoß.
20. Klassenraum im 3. Obergeschoß.

19. Workroom for woodworking on the ground floor.
20. Classroom on the 3rd floor.

21. Raum für Digitaldruck im Untergeschoß.
22. Raum für Siebdruck im Untergeschoß.

21. Room for digital printing in the basement.
22. Room for screen printing in the basement.

Fritz-Henßler-Berufskolleg (FHBK)
Brügmannstraße 25–27a
44135 Dortmund

Bauherr / Client
Stadt Dortmund, Sondervermögen, Grundstücks- und Vermögensverwaltungsfonds Dortmund

Architekten / Architects
SSP AG, Bochum
Projektleitung / Project management Matthias Solbach, Thomas Schmidt
Projektarchitekten / Project architects Frank Köller, Tilo Pfeiffer
Bauleitung / Site management Burkhard Bürger, Christoph Nowakowski
Planung der technischen Anlagen / Planning of the technical equipment Gerrit Ernst, Andreas Bischoff, Lars Pukropski, Heiner Blum
Freianlagenplanung / Outdoor-facilities planning
Frank Köller, Tilo Pfeiffer

Tragwerksplanung / Structural engineering
Werner Sobek Frankfurt GmbH & Co. KG, Frankfurt am Main

Bauphysik / Building physics
Thermische Physik, Bau- und Raumakustik Müller-BBM GmbH, Gelsenkirchen

Brandschutzgutachter / Fire prevention experts
Franke Ingenieure für Brandschutz GmbH, Dortmund

Vermessung / Surveying
Vermessungsbüro Tiemann und Partner, Dortmund

Baugrund- und Bauschadstoffgutachter / Soil and building contaminant analysis
GeoExperts, Dortmund

Schadstoffe / Contaminants
Tauw GmbH, Dortmund

An der Umnutzung des Gebäudes beteiligte Firmen / Companies involved in the conversion of the building

Ad. Wilhelm Schäfers GmbH, Dortmund
AVR Umwelt GmbH, Essen
B & B Profi Lehmann GmbH, Windischleuba
Baumdienst Breuker, Dortmund
Benning GmbH & Co. KG, Münster-Roxel
BKM Brandschutzkonstruktionen Mihla GmbH, Mihla
Dieter Holschbach GmbH, Morsbach
DOMIG Dortmunder Mineralstoffverwertungsgesellschaft mbH, Dortmund
Elmas – Fußbodentechnik GmbH, Landsberg
EN.plus GmbH, Köln
Erbach & Schulz GbR, Castrop-Rauxel
Gebäudeservice Dietrich West GmbH, Wuppertal
Gralki Werbung, Witten
Hammerl Bauservice GmbH, Witten
Hanseatische Maler & Putz GmbH, Hamburg
Harfid GmbH, Essen
Hilgenberg Bedachungen GmbH, Bocholt
Holzbau Tietz GmbH, Lünen
HVT – Harpener Versorgungstechnik GmbH & Co. KG, Bochum
Joerg Ingenbleek Malerbetrieb GmbH, Lünen
K. A. Tauber Spezialbau GmbH & Co. KG, Münster
Keilberg Gebäudesanierungs GmbH & Co. KG, Glachau
Kemmlit Bauelemente GmbH, Dusslingen
Kemp GmbH, Datteln
Knothe GmbH, Dortmund
Konrad Liebig GmbH & Co. KG, Lünen
Krebbers GmbH & Co. KG, Krefeld
Lindner Brasausky GmbH, Krieschow
M. Karabalta GmbH, Bochum
Meyer Bedachungen GmbH, Dortmund
Metallbau Hans Beine KG, Dortmund
MK-Haustechnik GmbH, Sundern
MP-Fliesenbau GmbH, Staßfurt
Parthos Deutschland GmbH, Mönchengladbach
Peters GmbH & Co. KG, Sohren
Portawin Kriege GmbH & Co. KG, Essen
Sonnenschutztechnik Thesing GmbH & Co. KG, Coesfeld
Stahlbau Göke GmbH, Hamm
Surhove Industrie- und Sanierungsbau GmbH, Dortmund
Tacke + Lindemann GmbH & Co. KG, Dortmund
timing Dienstleistungen GmbH, Dortmund
TS Innenausbau GmbH, Marl
Udo Erpenstein GmbH, Münster
Uretek Deutschland GmbH, NL West, Mülheim an der Ruhr
Vestner Aufzüge GmbH, Dornach
Wesemann GmbH, Syke
Wittler, Visuelle Einrichtungen GmbH, Berlin

Preise und Auszeichnungen / Prizes and awards

Otto-Borst-Preis für Stadterneuerung, 2020
best architects 20 (2020), Winner
Architecture MasterPrize (Los Angeles), 2019, Winner
ICONIC AWARDS, Winner Innovative Architecture 2019
International Architecture Award (Chicago), 2019. Winner
German Design Award, 2019, Special Mention
Spark Design Award (New York), 2018. Finalist
Schulbaupreis NRW, 2018

Das Buch entstand mit freundlicher finanzieller Unterstützung von / The book was produced with kind financial support of

HAFI Beschläge GmbH, Elchingen
Hagemeister GmbH & Co. KG, Nottuln
Harfid GmbH, Essen
Jörg Hempel Fotografie, Aachen
Tesche Metallbautechnik GmbH & Co. KG, Lüdenscheid